BEI GRIN MACHT SICH IHR
WISSEN BEZAHLT

Ines Hoffmann

Der Mord als eine schöne Kunst betrachtet

GRIN Verlag

Bibliografische Information der Deutschen Nationalbibliothek:

Die Deutsche Bibliothek verzeichnet diese Publikation in der Deutschen National-
bibliografie; detaillierte bibliografische Daten sind im Internet über http://dnb.d-
nb.de/ abrufbar.

Impressum:

Copyright © 2003 GRIN Verlag GmbH
Druck und Bindung: Books on Demand GmbH, Norderstedt Germany
ISBN: 978-3-640-17141-5

Dieses Buch bei GRIN:

http://www.grin.com/de/e-book/29027/der-mord-als-eine-schoene-kunst-betrachtet

Der Mord als eine schöne Kunst betrachtet

Referatsausarbeitung
Seminar: Kälte der Kunst
an der
Universität Bielefeld

vorgelegt von
Ines Hoffmann

Minden, Oktober 2003

Gliederung

Literaturverzeichnis

Thomas de Quincey: Der Mord als eine schöne Kunst betrachtet

1.1. Vorstellung des zweiten Teils

Der Autor glaubt, dass „ein Mord mehr oder weniger geschmackvoll ausgeführt werden kann als der andere." [1] Auch Morde unterscheiden sich seiner Meinung nach durch feine, künstlerische Nuancen. Aus diesem Grund mußte er niederträchtige Verleumdungen ertragen und beteuert in diesem Zusammenhang, nie einen Mord begangen zu haben. Vor Jahren gab sich der Mann als Mordliebhaber, als Kunstkenner in Mordsachen aus, um zu sehen, wie seine Mitmenschen reagieren. Ihm ist nachgesagt worden, er habe im Klub Prämien für wohlgelungene Abschlachtungen ausgesetzt; das dementiert er jedoch aufs Schärfste. De Quincey erwähnt noch, dass er selbst sich, in allem was den Mord anbelangt, für sehr feinfühlig hält und durch seine übertrieben Gutmütigkeit viele Leute verschont werden. Es folgt eine Klubgeschichte, in der Unke, der wegen seiner menschenfeindlichen Art so genannt wird, die „Hauptrolle" spielt.[2] Unke verdiente sich seinen Namen, in dem er auf jeden modernen Mord schimpfte und ihn als scheußlich misslungene Stümperei bezeichnete. Er kritisierte auch glänzende Leistungen der Epoche und galt allgemein als streitsüchtig. So behauptete der Kunstliebhaber auch, dass die Französische Revolution für den Untergang der Mordkunst verantwortlich sei. Unke sollte sich angeblich erhängt haben, hielt sich aber lediglich von der Öffentlichkeit fern. Er hatte einen Expressboten beauftragt, jede Neuerscheinung auf dem Kunstmarkt zu beobachten. 1812 wurde dann die Neuigkeit publik.[3] Im Zentrum von London war ein Mord geschehen, „wie ihn das Jahrhundert bis..." dahin „...nicht annähernd aufzuweisen hatte."[4] Williams großes Vernichtungswerk im Hause Marr war das Debüt des Künstlers; zwölf Nächte später setzte er es fort. Viele betrachteten diese Leistung als die künstlerische Vollendung, als etwas Großes, Echtes.[5] Unke protestierte, vergleichen sei eine Sucht: „Jedes Kunstwerk hat seine eigenen charakteristischen Merkmale – es läßt sich nicht mit anderen vergleichen."[6] Zu Ehren des großen Künstlers wird im Klub ein großes Festessen veranstaltet, bei dem der Stenograph vermutlich ermordet wird. Aus diesem Grund berichtet der Autor vom Thug - Essen, das einige Jahre später stattfindet, selbst. Unke und auch andere Kunstliebhaber sind anwesend. Er hält Rede um Rede und es wird sich über ihn lustig gemacht. Der uralte Liebhaber der Kunst empört sich darüber, wenn er von einem prachtvollen Mord liest und

---

[1] De Quincey, S.85
[2] Ebda., S.85 - 87
[3] Ebda., S.89 - 90
[4] Ebda., S.90
[5] Ebda., S.91

nach wenigen Namen erkennt, die ein irisches Markenzeichen erkennen lassen. Sein Schönheitssinn sei dann beleidigt und erfordere den Kellner auf, die Zeitung aus dem Fenster zu werfen. Es geht also auch darum, die Morde zu genießen.[7]

Unke erzählt u.a. die Geschichte des Doktors und des Pollinctors, die zusammen arbeiteten. Sie schlossen einen freundschaftlichen Vertrag: Der Doktor ermordet einen Großteil seiner Patienten und gelegentlich liefert ihm der Pollinctor die Hälfte der Binden, die er den Leichen zu entwenden vermochte als kostenlose Wundverbände für die „überlebenden" Patienten des Doktors. Leinen gab es in Rom nur zu unerschwinglichen Preisen und so hatte das Geschäftsabkommen Bestand. Sie empfahlen sich gegenseitig pflegten eine außerordentlich gute Freundschaft.[8]

Der Kunstliebhaber Unke wird bei dem legendären Thug - Essen im Laufe des Abends vor die Tür gesetzt und die Gäste applaudieren.[9]

1.2. Vorstellung des dritten Teils (Postscript)

Nachschrift vom Jahre 1854 nebst einem Bericht über Williams und M`Keans Morde

De Quincey stellt fest, dass der Leser von der grämlichen und mürrischen Sorte unmöglich zu befriedigen sei. Für ihn ist Nichtempfinden mit Nichtverstehen gleichzusetzen und der Scherz, der keinen Anklang findet, wirkt frech, albern oder sinnlos.

Die Leser weisen darauf hin, dass er eindeutig zu weit gehe. Er entgegnet, dass gerade „das Grasen am Rand des Entsetzens und alles zu streifen, was in der Wirklichkeit höchst abstoßend wäre"[10], das Ziel der literarischen Bagatelle sei. Die bewußte Übertreibung diene dazu, dem Leser das Gefühl des Grauens zu nehmen, das sich sonst seiner bemächtigen würde. Ein Beispiel für solch eine Übertreibung stellt für de Quincey Dekan Swift dar, der vorschlug, überzählige Kinder als Nahrung zuzubereiten und zu verzehren. Er hält dies für eine kühnere Ausschreitung als seine, da sie selbst bei der höchsten irischen Kirche keinen Tadel verursachte. De Quincey führt hier an, die Ungeheuerlichkeit an sich sei die Entschuldigung.

Er hält sein Schriftstück für „besser", weil Säuglinge nicht als Volksnahrungsmittel betrachtet werden, wohl aber der Hang in einem Jeden wohne, sich am Spektakulären wie einem Feuer oder einem Mord zu ergötzen. Bricht ein Feuer in einem öffentlichen

---

[6] Ebda., S. 90
[7] Ebda., S. 97
[8] Ebda., S. 98 - 100
[9] Ebda., S. 101

Gebäude aus, wird dies ganz ungeniert als Schauspiel betrachtet. De Quincey vergleicht: „Die gleiche Haltung nimmt die große Menge im allgemeinen einem Morde gegenüber ein."[11] Nach gebührendem Mitleid werden die „szenischen Eigenschaften der Morde...rezensiert und gegeneinander abgewogen."[12] De Quincey berichtet an dieser Stelle von drei denkwürdigen und von den Freunden der schönen Kunst als Meisterstücke gepriesenen Mordfällen.

1. Die unsterblichen Williamsmorde aus dem Jahre 1812

Der Täter flößte der Menschheit einen riesigen Schrecken ein, indem er innerhalb kürzester Frist zwei Familien vollständig ausrottete. Der einzigartige Künstler, dessen alleinige Beschäftigung und Einnahmequelle der Mord bildete, verbreitete in der Bevölkerung eine unbeschreibliche Angst. Der Tatort ist der Ratcliffe Highway, ein gefährliches Viertel im Osten Londons. John Williams, ein mittelgroßer, schlanker Mann mit einer blutleeren Blässe im Gesicht und einem starren, glasigen, geisterhaft wirkenden Blick erscheint erstaunlicherweise durch sein glattes, einschmeichelndes Benehmen und durch seine angenehme Erscheinung vertrauenswürdig. „...das Herz des Tigers barg sich unter dem einschmeichelndem aalglatten Wesen."[13] Williams gilt als der aristokratischste und wählerischste unter den Künstlern.

Sein Opfer ist ein alter Bekannter, der bei der ersten Annäherung keinerlei Verdacht schöpft. Marr besitzt ein Strumpfwarengeschäft. Zum Haushalt gehören seine Frau, das acht Monate alte Kind, ein Lehrling und das Dienstmädchen Mary. Letztere verläßt kurz vor Mitternacht noch das Haus, um einen Einkauf für die Marrs zu erledigen. Später wird sie sich daran erinnern, eine dunkle Gestalt auf der gegenüberliegenden Seite der Strasse gesehen zu haben, die „in ihr eine dunkle Beunruhigung" weckte.[14]

Der Täter passt den Zeitpunkt ab als Marr seinen Laden abschließt und dringt so ins Haus ein; auf Mary wartet er nicht. Das Dienstmädchen verirrt sich und kehrt deshalb spät zurück. Niemand reagiert auf ihr Klopfen und mit Entsetzen fällt ihr die dunkle Gestalt ein. Sie bemerkt den Mörder rechtzeitig, der durch das wiederholte und beharrliche Klopfen aufmerksam gewordene Nachbar hilft ihr. Der Mörder aber kann fliehen und sein Plan, den Haushalt Marr komplett auszurotten misslingt.

Williams erschlägt Marr, während dieser die verlangten Socken holt und ihm dabei den Rücken zukehrt. Als besonders bizarr ist hier herauszustellen, dass Marr seine Hände

---

[10] Ebda., S. 102
[11] Ebda., S. 105
[12] Ebda., S. 109
[13] Ebda., S. 110
[14] Ebda., S.116

erhoben hatte, um am die Socken zu kommen, während sein alter Bekannter zuschlägt. Anschließend schneidet er seinem Opfer die Kehle durch. Der Frau, dem Lehrling und sogar dem Säugling durchtrennt er ebenfalls die Kehle, letzterem zertrümmerte er vorher mit einem Hammer den Kopf. Der Kindsmord gibt der Tat den Charakter eines Racheaktes. Nichts entfesselte so sehr die Volkswut wie das Abschlachten des Kindes.

Zwölf Nächte nach dem Mord an den Marrs ereignet sich eine erneute Schreckenstat, die nach Ansicht vieler noch dramatischer zu bewerten ist als die ersten Morde. Die Opfer sind die Williamsons. Mister Williamson ist ein bekannter und angesehener Mann über siebzig. Er betreibt eine Art Gastwirtschaft, in dem gemischtes Publikum verkehrt. Zum Haushalt gehören seine Frau, das neunjährige Enkelkind, eine Hausangestellte und ein Handelsreisender. Um Ärger vorzubeugen, schließt das Lokal um Punkt elf Uhr. Der Mörder kundschaftete während des Betriebs die Räume aus. Der Reisende ist noch wach, weil er Angst vor Williams hat. Tatsächlich öffnet sich kurz vor Mitternacht die Haustür „mit einem Krach, der eine brutale Hand verriet...“[15] und wird abgeschlossen. Der Reisende beobachtet angsterfüllt, wie das Dienstmädchen umgebracht wird. Er geht geräuschlos die Treppe herunter. Der Mörder ist im kleinen Wohnzimmer und begeht einen schweren Fehler: Er probiert zu lange die Schlüssel aus, die Mister Williamson um den Hals trägt, um an seine Wertsachen zu kommen. Er tötet alle mit der gleichen Methode: Er erschlägt sie und durchtrennt anschließend ihre Kehlen. Williams erhöht durch sein Suchen nach dem richtigen Schlüssel die Gefahr, dass jemand auf ihn aufmerksam wird.

Dem Reisenden bietet sich die Möglichkeit, sich mit einem geflochtenen Bettlaken abzuseilen; sein Motiv ist die Rettung des Kindes. Inzwischen findet Williams viele Goldmünzen und ist darüber so froh, dass er überlegt, dem „armen Geschöpf“ das Leben zu schenken. Er verbessert sich jedoch schnell selbst indem er sich sagt: „Geschäft ist Geschäft, und in Geschäftsdingen hört bekanntlich die Gemütlichkeit auf“.[16]

Trotzdem zögert er noch, das Haus zu verlassen. Er ist „blutgierig wie ein Raubtier“, will „weiterarbeiten“.[17]

Der Reisende kann auf sich aufmerksam machen, die Verfolgung wird aber durch dichten Nebel erschwert. Die wütende Menge kann Williams nicht ergreifen, da Fußspuren u.ä. Hinweise nicht zu erkennen sind. Das kleine Mädchen überlebt, dem Großvater, seiner Frau und dem Dienstmädchen wurde die Kehle durchgeschnitten.

---

[15] Ebda., S. 133
[16] Ebda., S. 141
[17] Ebda., S. 142

Aufgrund der Beschreibung des Reisenden kann der Täter schließlich gefasst werden. Das Beweismaterial ist erdrückend: Die knarrenden Schuhe, der mit Seide gefütterte Mantel mit dem speziellen, blutigen Dolchs in der Tasche und ein zunächst von der Polizei zurückgehaltener Hammer mit der Aufschrift J.P., den seine Zimmergenossen wiedererkannten, verrieten ihn und er konnte als der Mörder identifiziert werden. Williams erhängte sich im Gefängnis.

3. Der Fall M `Keans

Die Brüder M `Kean planten einen lohnenden Einbruch in einem ländlichen Gasthaus in Manchester. Die Geschäftsleute hatten ihr gemeinsames Betriebskapital verloren und machten die Gesellschaft dafür verantwortlich, weil der Verlust auf eine gesellschaftlich bedingte Katastrophe zurückzuführen war. Den Raub sahen sie als ausgleichende Gerechtigkeit an, vergaßen aber, dass dies nicht für Mord gilt. Der Haushalt besteht aus dem Wirt, einem stämmigen Bauern, seiner Frau, dem Dienstmädchen und einem Jungen. Der Wirt bekommt eine Opiumtinktur. Kurz darauf legt er sich auf das Sofa und schläft tief. Die Opiumtinktur ist ein Teil des Plans und ein unnötiges Blutvergießen soll vermieden werden, ansonsten haben die Brüder M `Kean keine konkrete Vorstellung, wie sie letztlich die Geldkassette entwenden wollen. Bevor der Wirt mit dem Opium betäubt wird, bestellen die Brüder ein Bett; in einem anderen schläft der Junge. Der ältere M `Kean wird von dem Dienstmädchen in ein Zimmer mit zwei Betten geleitet, eins ist von dem Jungen belegt, das andere sollen sich die Brüder teilen. M `Kean schneidet dem Dienstmädchen mit einem Rasiermesser die Kehle durch. Während er überprüft, ob der Junge, der die Geistesgegenwart besaß, sofort die Augen zu schließen, schläft, „...erhob sich... die Ermordete im Todeskampf noch einmal vom Boden...und wankte...nach der Tür"[18]. Sie ringt mit ihrem Mörder und so kann der Junge aus dem Zimmer fliehen. Der jüngere Bruder kämpft mit der Wirtin. Der ältere M `Kean nimmt nach dem Tod des Dienstmädchens die Verfolgung auf. Der Junge kann sich letztlich retten, weil er sich in einen Graben stürzt. Die Brüder suchen aus Angst, der Junge könnte entkommen sein und die Nachbarn verständigt haben, das Weite. Die Wirtin überlebt. Aus Zeitgründen konnte die Geldkassette nicht mehr entwendet werden. Die Verbrecher werden durch Steckbriefe gesucht und auch gefunden. Sie werden zum Tode verurteilt.

Anmerkung:

---

[18] Ebda., S. 158

De Quincey erwähnt in seinem Nachwort, dass seine Schilderungen wohl zu weitschweifig seien und dies aber an einem Nervenleiden liege, dass bei ihm Konzentrationsstörungen verursache.

Eigene Anmerkung:

Tatsächlich konsumierte de Quincey Opium und die Schilderungen weitschweifig zu nennen ist noch untertrieben, umfasst doch allein der zweite Teil immerhin 16 und der dritte sogar 60 Seiten.

2. Gernot Krämer: Der Mord als eine schöne Kunst betrachtet

2.1. Beurteilung vom zweiten und dritten Teil de Quinceys

Der zweite Teil des Essays erscheint im November 1839, ebenfalls in *Blackwood's Magazine* und schließt sich inhaltlich an den vorigen an. Er besteht aus einer Reihung verschiedener Clubgeschichten, einem „Bericht über weitere Bankette und Vorlesungen aus Anlaß verschiedener Mordfälle..." und einer erneuten „Apologie der Ästhetik des Mordens."

Die ersten beiden Teile wurden durch ein Postscript ergänzt. De Quincey schrieb den dritten Teil erst 1854. Er wählt die Form einer Kriminalerzählung. Den Mörder Williams porträtiert er „als Künstler von heroischem Zuschnitt..." Er erscheint ihm als der „Vollender seiner Kunst"; er habe sie wie Aischylos die Dichtkunst „zu gewaltiger Erhabenheit emporgeführt."[19]

Offensichtlich hat de Quincey seine Aufzeichnungen aus dem Gedächtnis niedergeschrieben, denn er verwechselt zeitweise die Fakten: Der Mord fand bei de Quincey im Jahre 1812 anstatt 1811 statt. Namen und Tatumstände werden ebenfalls nicht alle korrekt genannt und die Beschreibung des John Williams widerspricht den authentischen Berichten. Er bekommt im Postscript unheimliche und übernatürliche Züge verliehen, während er einem zeitgenössischem Bericht zufolge ein aggressiver und gewalttätiger Matrose mit schäbiger Kleidung gewesen sein soll. De Quincey dagegen zeichnet einen feingekleideten Mann von Welt mit tadellosen Umgangsformen und einer vertrauenerweckenden Ausstrahlung. Tatsächlich war Marr vermögend und nicht kurz vorm Bankrott. Er versucht also vermutlich von den üblichen Umständen eines Verbrechens bzw. von den üblichen Verdächtigen abzulenken, um die Verbrechen als ästhetisch motiviert oder gar sinnlos darzustellen. De Quincey versucht das „Töten um des

---

[19] Krämer, S.15

Tötens willen"[20], das motivlose Töten herauszustellen. Es ist die „ästhetische Bedächtigkeit seines Vorgehens"[21], die Williams scheitern lässt: Er will das Kind nicht im Schlaf töten, denn sonst würde das Opfer nicht leiden. De Quincey muß nachbessern um den Mord als Kunst ausweisen zu können. Der Hauptwiderspruch äußert sich darin, dass Williams ein feinsinniger Ästhet sein soll, „gleichzeitig aber die roheste Tötungsart anwendet, die sich denken läßt".[22]

2.2. „Interesselose" Morde

Julian North und Joel Black stellen u.a. zwei wesentliche Punkte für de Quincey heraus:

1.: „Kant löst das ästhetische Geschmacksurteil aus der Bindung an außerästhetische „Interessen", d.h. implizit, er trennt es über parteiliche oder sinnliche Interessen hinaus letzten Endes auch von moralischen Gesichtspunkten."

2.: Kant formuliert eine Theorie des „Erhabenen". Dies schließt die Möglichkeit ein, dass das Schreckliche und Häßliche ästhetisch wahrgenommen werden kann. Das Erhabene ist für Kant etwas, das „den Menschen als sinnliches Wesen niederdrückt, als moralisches Wesen aber zugleich erhöht". De Quincey nennt mehrfach das Beispiel Naturkatastrophen. (S.23) Kants „Betonung der Interesselosigkeit der ästhetischen Wahrnehmung kommt ... in § 2 der Kritik der Urteilskraft ... zum Ausdruck": „Das Wohlgefallen, welches das Geschmacksurteil bestimmt, ist ohne alles Interesse". Durch Interesselosigkeit zeichnen sich die Urteile der Mordliebhaber aus, persönliche, finanzielle oder politische Motive sind nicht von Belang.[23] Kant unterscheidet in der Ästhetik zwischen dem Schönen und dem Erhabenen. Das Schöne, z.B. das Betrachten einer Blume, ist zweckfrei, die „schöne Kunst" „...ist eine Vorstellungsart, die für sich selbst zweckmäßig ist...".[24] Das Verfahren von den Mordliebhabern scheint dieser ästhetischen Reflexion zu entsprechen und zu dieser Definition analog zu sein.[25] Die formalen Kriterien für einen guten Mord haben einen „Haken", der in dem Punkt „Diskussion" näher behandelt wird.

---

[20] Ebda., S.18
[21] Ebda., S. 18
[22] Ebda., S. 19
[23] Ebda., S.22
[24] „Die allgemeine Mitteilbarkeit einer Lust führt es mit sich, daß diese nicht eine Lust des Genusses, aus bloßer Empfindung, sondern der Reflexion sein müsse; und so ist ästhetische Kunst, als schöne Kunst, eine solche, die die reflektierende Urteilskraft und nicht die Sinnesempfindung zum Richtmaße hat." (Kant, §44, S. 158)
[25] Ebda., S. 25

Die Lektüre Kants, wegen der de Quincey erst Deutsch lernte, nimmt die „Dimension eines Wendepunkts" in seinem Leben ein.[26] Angeblich soll de Quincey die Anekdote, dass Kant bei seinem täglichen Spaziergang nur deshalb nicht ums Leben gekommen sei, weil der sich nähernde Mörder doch lieber einen unschuldigen Säugling tötete, erfunden haben. [27]Krämer kommt aufgrund dieser scheinbaren Widersprüche zu dem Schluß, de Quincey hätte Kants Konzeption des Erhabenen zwar studiert, aber letztlich karikiert und somit den Mord als schöne Kunst beißend ironisch dargestellt.

4. Diskussion (ist wegem akuten Zeitmangel während der Sitzung nicht mehr durchführbar gewesen)

Folgende Frage sollte eigentlich während der Sitzung noch diskutiert werden:

Kann ein Geschäft Kunst sein?

Der Mörder Williams wird als blutgierig wie ein Raubtier beschrieben. Er verdient seinen Lebensunterhalt mit Abschlachtungen. Die nähere, konkretere Frage, die sich daraus ergibt, ist:

Kann man hier noch von einem „Kunstwerk" bzw. dem „Mord als eine schöne Kunst" sprechen?

De Quincey gibt sich Mühe, absichtlich oder unabsichtlich, das Motiv Raub bei den Marrs zu verdecken; die Darstellungen in einem authentischen Bericht bezüglich der Beschreibung und Charakterisierung Williams widersprechen denen von de Quincey. Es ergibt sich also noch eine weitere Frage:

Manipulierte de Quincey in seiner Erzählung den authentischen Bericht absichtlich, um seine Theorie des motivlosen Mordens mit Beispielen ausschmücken zu können und das Töten um des Tötens willen, das motivlose Töten stärker herausstellen zu können?

Das Motiv Raub im Falle der Marr- und Williamsmorde und das Motiv Profitsucht im Falle des Doktors, der mit dem Pollinctor zusammenarbeitet, offenbart, dass es nur innerhalb des Klubs Menschen zu scheinen gibt, die von motivlosen Morden berichten können. De Quincey kann keine überzeugenden Beispiele liefern und er zeigt sich von Kants Lektüre über das Erhabene in der Kritik der Urteilskraft wenig (positiv) beeindruckt,

---

[26] Sie scheint ihn zu enttäuschen, trotzdem bezeichnet er u.a. Kant in dem Essay *John Paul Frederick Richter* von 1821 als seinen Lieblingsautor. (S. 28)
[27] Krämer, S. 26

4

eher enttäuscht, wie wir bei Krämer erfahren. Hieraus ergibt sich eine weitere, letzte Frage, die sich vielleicht auch Krämer stellt:

Verkauft de Quincey dem Leser vor allem den dritten, fiktiven Teil als eine Art satirische Ironie, die man als einen Vorläufer der Boulevardpresse, die genau wie er damals sich selbst als harmlos sieht, bezeichnen kann? Treibt er einen üblen Scherz mit seinen Lesern und fragt sich, wann auch ihnen der Sarkasmus auffällt?

Literaturliste

1. De Quincey, Thomas / Norbert Kohl (Hg.): „Der Mord als eine schöne Kunst betrachtet". Insel Verlag
2. Krämer, Gernot: *Der Mord als eine schöne Kunst betrachtet. Zur ästhetischen Valenz eines Motivs bei Thomas de Quincey, Oscar Wilde und Marcel Schwob.* Bielefeld: Aisthesis Verlag, 1999
3. Praz, Mario: *Liebe, Tod und Teufel. Die schwarze Romantik (Band 2).* 3.Auflage. München: Deutscher Taschenbuch Verlag GmbH & Co. KG, 1970